# Quem vos uniu foi Deus

Direção geral: Fábio Gonçalves Vieira
Capa: Pedro Augusto de Moura Martins
Fotografia: Luis Otávio Cardoso
diagramação e revisão: Bruno Castro

*Este livro segue as regras da Nova Ortografia da Língua Portuguesa.*

Editora Canção Nova
Rua João Paulo II, s/n – Alto da Bela Vista
12 630-000 Cachoeira Paulista – SP
Tel.: [55] (12) 3186-2600
E-mail: editora@cancaonova.com
loja.cancaonova.com
Twitter: @editoracn



ISBN: 978-85-7677-804-2

Pe. José Augusto

# Quem vos uniu foi Deus

*O amor é a força para continuar*

3º Tiragem

Canção Nova
EDITORA

# Sumário

# Prefácio

FICAMOS MUITO FELIZES POR termos sido escolhidos para escrever o prefácio deste livro. Primeiro, porque o autor, Pe. José Augusto, foi quem nos acompanhou e formou desde o namoro até o casamento. Foi Deus quem o colocou em nossas vidas como um grande amigo, irmão, padrinho de casamento e padrinho do nosso filho Isaac. Segundo, porque fomos o primeiro casal com quem conviveu durante dois anos e meio depois de ordenado sacerdote, em São Gonçalo dos Campos, BA.

Talvez você esteja se perguntando: "Por que um padre escreveu um livro para casais? Para falar sobre este assunto é preciso experiência e ele não é casado! Eu que sei o que vivo com meu esposo, com minha esposa! Por que não escreveu para os sacerdotes e celibatários?".

Bom, é justamente por esse motivo que testemunhamos a você que assim como aprendemos muito com a santidade do Pe. José Augusto, ele também aprendeu sobre a vida de casal conosco e com muitos outros casais da comunidade. Aí está a grande riqueza da Canção Nova: a convivência entre diferentes estados de vida.

Sempre partilhamos tudo com ele e, como foi o nosso Responsável de Missão, era a quem recorríamos em todas as decisões e passos importantes do nosso relacionamento.

Também quando nos preparávamos para o casamento, ele nos orientou sobre coisas bem práticas: exames pré-nupciais, planejamento familiar (métodos naturais), curso para noivos etc.

Um fato marcante aconteceu nos três primeiros meses de gravidez da minha esposa, período em que passou muito mal, foi várias vezes internada e ficou em repouso, sem condições de atuar na missão. Todos os dias, Pe. José Augusto ia em casa levar a comunhão e, de tempos em tempos, atendia-a em confissão.

A Tânia sofreu muito, emagreceu, ficou depressiva por não poder sair em missão e o padre foi a presença de Jesus em nosso lar. Um dia na confissão, chorando, Tânia confidenciou que não se sentia feliz por estar grávida. Era como se estivesse doente e pedia perdão a Deus, pois não aguentava mais ficar em casa. Com uma palavra de sabedoria, o padre lhe disse: "Tânia, Rubens e eu saímos em missão para salvar almas. Você fica em casa para realizar uma missão ainda mais sublime e que só você pode fazer: "*gerar uma alma*". A partir deste dia ela foi melhorando e teve uma gravidez saudável e feliz.

Tendo por base essas e tantas outras experiências vividas em nosso relacionamento com o Pe. José Augusto, é que recomendamos esta leitura. Em cada página você irá se surpreender: "Mas como o Pe. José Augusto pode falar da minha vida, do meu relacionamento, se não me conhece?".

Ler os capítulos deste livro é investir no seu casamento e na salvação de sua família.

Rubens Sabino e Tânia Sabino<br>Comunidade Canção Nova

# Deixarão a casa paterna e se unirão

Certo dia, estando na Casa de Maria, em Cachoeira Paulista, onde costumo atender às pessoas, fui visitado por um casal muito jovem que passava por uma crise e desejava a separação. Pedi que sentassem e comecei a ouvi-los atentamente para saber o motivo da separação.

Um após o outro começou a narrar a situação em que viviam. Na verdade, o problema não estava nos dois, mas sim na sogra. Não quero aqui falar mal da sogra, ressalto apenas que aquilo que poderia ser bom torna-se um mal-estar muito grande na vida do casal.

Vou dar um nome fictício ao casal para facilitar a compreensão: Fernanda resolveu casar-se com Pedro com a condição de continuar morando com sua mãe. Pedro não viu nada de anormal nisso e aceitou. Depois de casados, ele começou a observar que Fernanda vivia numa dependência muito grande de sua mãe e obedecia mais à mãe do que a Pedro. A mãe de Fernanda, por ser muito boa, e mãe é mãe, queria o melhor para a sua filha e esta, querendo agradá-la, fazia tudo o que ela lhe pedia (note que não era por maldade. Fernanda não havia observado que o cordão umbilical ainda não tinha sido cortado). Pedro suportou por muito tempo, mas quando veio o primeiro filho a situação piorou. A sogra, como toda boa sogra, queria educar o neto achando, sem maldade nenhuma, que sua filha não tinha condições de cuidar do próprio filho.

Todas as vezes que Pedro chamava a atenção do seu filho a sogra tomava partido do menino, e Fernanda, por amor a sua mãe, dava-lhe razão.

Pedro muitas vezes tentou conversar com Fernanda, mas ela era irredutível em dizer que ele é que precisava compreender a sogra e que não queria ver a sua mãe triste ou doente. As confusões foram aumentando, Pedro sentiu-se só e aconteceu o pior: Pedro traiu Fernanda e quis a separação.

Depois de muito tempo de conversa, falei para esse casal: "Sabe o que aconteceu com vocês? Simplesmente não cumpriram o que Nosso Senhor pediu para todos aqueles que são chamados a viver o sacramento do Matrimônio. Vejam o que Deus falou para Adão:

> Por isso o homem deixa seu pai
> e sua mãe para se unir a sua mulher.
> (Gn 2,24)

Quando Deus diz que o homem e a mulher deixam seus pais, é justamente para que não aconteçam essas coisas. O casal precisa ter o seu lugar, a sua casa para recomeçar a vida. Ninguém pode interferir na vida dos dois. Os dois precisam aprender a se conhecer no diálogo, nos gostos, no temperamento, na intimidade... Por isso, ninguém pode atrapalhá-los, nem a mãe, nem o pai. O cordão umbilical é cortado no altar. No dia do casamento, o pai da noiva trouxe-a e entregou-a nas mãos do noivo. Na verdade, é como se ele dissesse: 'de hoje em diante você está livre para formar a sua família, minha filha. Deus a abençoe'. Houve uma entrega. Não pode mais haver dependência nenhuma dos pais".

Por melhor que seja o sogro ou a sogra o casal deve estar na sua própria casa. Talvez você possa até conhecer um casal que vive bem com a sogra, claro que existe, mas é necessário ter cuidado e seguir o que o Senhor disse:

> Por isso o homem deixa seu pai
> e sua mãe para se unir a sua mulher.
> (Gn 2,24)

Jesus retoma, no Evangelho de São Marcos 10,7 e no Evangelho de São Mateus 19,15, a tamanha importância de se viver esse mandamento. Quero que fique claro: o problema não está na sogra ou no sogro, eles têm boa intenção, mas é preciso cumprir o que Deus pede. Deixar os pais não é um mal, mas um grande bem, tanto para um como para o outro.

Pedro e Fernanda compreenderam o que eu havia lhes falado. Graças a Deus foram para casa em paz. A tormenta dissipou-se e o pensamento que eles tinham de se separar desapareceu.

O demônio, como é traiçoeiro, tem levado muitos casais à separação pelo fato de estarem no lugar errado. É preciso estar no lugar onde Deus quer. Estando o casal em casa, na intimidade, o sogro e a sogra devem visitá-lo, aconselhá-lo. O casal deve fazer a mesma coisa visitando seus pais. Mas a vida, a educação dos seus filhos são um aprendizado que os dois vão conquistando diariamente; o resto Nosso Senhor faz.

Se o seu problema assemelha-se a esse, faça o que Jesus lhe ensinou.

*Virgem Maria, apresento-te as pessoas que estão passando por esta crise. Ajuda-as a perseverar sem nunca desanimar. Jesus, coloco os casais sob a proteção do Teu sangue, para que Teu inimigo não venha destruir o que o Senhor uniu.*

*Amém.*

# Perdão: prova de amor

A PRESENÇA DE DEUS NO relacionamento conjugal não é importante apenas por causa da vida espiritual do casal, mas porque é fonte inesgotável do verdadeiro amor e do perdão. A partir destes sentimentos compreende-se as fraquezas da pessoa amada e consegue-se viver bem um relacionamento que talvez acabasse rapidamente.

O perdão e a reconciliação reduzem as chances de divórcio, santificam o casal e aumentam o amor mútuo. Uma vida bem estruturada materialmente é importante, mas não se sustenta sem a vivência cotidiana do amor irmanado de Deus.

## Os dez mandamentos do casal[1]

I – Nunca irritar-se ao mesmo tempo.

II – Nunca gritar um com o outro.

III – Se alguém deve ganhar numa discussão, deixar que seja o outro.

---

[1] Extraído do livro: *Família, santuário da vida.* Prof. Felipe Aquino. Lorena, Editora Cléofas, s. d.

IV – Se for inevitável repreender, fazê-lo com amor.

V – Nunca jogar no rosto do outro os erros do passado.

VI – A displicência com qualquer pessoa é tolerável, menos com o cônjuge.

VII – Nunca ir dormir sem ter chegado a um acordo.

VIII – Pelo menos uma vez ao dia, dizer ao outro uma palavra carinhosa.

IX – Cometendo um erro, saber admiti-lo e pedir desculpas.

X – Quando um não quer, dois não brigam.

> Mortos pelos vossos pecados e pela incircuncisão da vossa carne, chamou-vos novamente à vida em companhia com ele. É ele que nos perdoou todos os pecados. (Cl 2,13)

Muitos casamentos estão em crise porque a esposa reza pela conversão do esposo, mas, quando este entra no processo de conversão e começa a entusiasmar-se, ela sente ciúme. Também existem maridos que rezam por suas esposas e acontece o mesmo. Mas quando passam por um pequeno desentendimento "jogam na cara" um do outro os erros cometidos no passado. Se não têm argumentos, calem-se! O verdadeiro perdão não relembra o que já passou. Hoje, independentemente do que já fizeram algum dia, vocês são de Deus.

Vingança traz mais decepções e frustrações do que a aceitação do problema e a reconciliação. Desmantelar sua família, separar filhos e pais, provocar traumas e causar marcas doloridas no coração dos familiares é tão errado quanto adulterar. O Senhor pede o perdão setenta vezes sete.

Perdoar é um ato de vontade. Vontade de amar profundamente como se gostaria de ser amado. A ausência do perdão gera rancor, ressentimento, e isso pode nos arrancar o Céu, nos fazer perder a eternidade.

Recebemos o testemunho de um homem que, sendo legionário, ia todas as noites para as reuniões. Enquanto ele rezava, a esposa o traía. Certa vez, a reunião acabou mais cedo e ele chegou em casa antes do horário previsto, pegando-a no flagra com outro homem. Para o homem isso é terrível, até mesmo por causa da formação machista que muitos receberam. É humilhante, fere o orgulho próprio. Então, ele se dirigiu ao amante e o retirou de sua casa. Voltou-se para a esposa, ajoelhou-se diante dela e disse: *"Me perdoa, pois se você precisou arrumar outro homem é porque eu não tenho sido um bom marido. A partir de hoje, vamos começar tudo novamente"*.

Isso não é poesia, é heroísmo que precisa ser vivido no sacramento do Matrimônio. Olhe para o esposo ou para a esposa que está ao seu lado e perdoe. Lute pelo bem que Deus lhe deu e suportem-se. O adultério é pecado mortal e seu marido (ou sua esposa) não pode se perder. Ainda que ele(a) não reate o relacionamento com você, é preciso que volte para a casa do Pai, na eternidade. Por isso, reze, lute e não dê chances para o inimigo usurpar a alma do seu cônjuge.

Não é fácil casar-se, mas é muito bom (eu não me casei porque optei por entregar-me inteiramente a Deus). O casal precisa lutar para obter a vitória.

Quando um dos cônjuges sai com outra pessoa e, vendo que não deu certo, volta para casa, aquele que ficou em casa precisa aceitá-lo de volta e reconhecer que foi o próprio Deus quem o trouxe. É o momento de viver o amor e o perdão.

Tempos atrás, fui rezar pela Drª Soraia e vi que ela e o marido eram bons exemplos de fidelidade e paciência mútua. Ela era uma médica que se encontrou com Jesus na enfermidade. Teve uma doença degenerativa que a fez perder todos os movimentos do corpo. Na época, seu único movimento estava nos olhos. Naquele dia, ela já estava havia sete anos na cama. Duas amigas a ajudavam, mas o que eu acho bonito é o marido que se dedicava inteiramente à esposa. Ela, humanamente, não tinha nada para oferecer, mas ele era fidelíssimo e nunca procurou outra mulher. Não há prova de amor maior do que essa. É a concretização do amor que os uniu.

Situações assim podem acontecer com qualquer pessoa e é óbvio que o Tentador apresenta oportunidades para haver traição. Ele não dorme. É na alegria e na tristeza, na saúde e na doença que o amor precisa permanecer forte. Há maridos precisando de um beijo, esposas precisando de um abraço, de uma flor, e o cônjuge não dá. Drª Soraia não poderia dar abraço, não poderia dar beijo e seu marido, tão piedoso – porque ninguém mais pode preencher o seu coração – não a abandonou. Não é o sexo que salva, mas o amor que está além do sexo.

Ai dos esposos e das esposas que se casaram por causa do sexo, esquecendo-se do carinho, do amor na doença e na tristeza, do perdão das faltas e dos muitos erros cometidos juntos, ou individualmente. É o Espírito Santo quem alimenta o fogo do amor e dá têmpera para os casais suportarem as tempestades.

Os casais precisam agir como namorados, marcar encontros dentro ou fora de casa, longe da televisão, na praça, no cinema, andar de mãos dadas, tecer elogios, cultivar o amor. O tempo passa, mas o amor permanece. Maridos precisam ser atentos aos gostos da esposa, sentir e demonstrar interesse pelas conversas, elogiar roupas... Esposas precisam também fazer sua parte com amor, procurando agradar o marido, sendo atentas aos serviços da casa, à roupa, agindo carinhosamente.

E para aqueles que se sentem ainda machucados, rancorosos, orações de cura e perdão colaboram para a cicatrização das feridas, para a renovação do ânimo, para a demonstração de amor. Busque, deseje o perdão, reconcilie-se, preserve o amor e a pessoa que o Senhor lhe deu.

Que o Senhor Jesus lhe conceda a graça de perdoar setenta vezes sete. Que as dificuldades e as quedas não sejam motivos para "jogar na cara" um do outro, mas sirvam para começar tudo de novo. É preciso recomeçar sem olhar para o passado. O que passou, passou. Eis que tudo se faz novo.

Que o perdão de Jesus na cruz seja a meta para você perdoar o seu companheiro ou companheira na sua cruz de cada dia.

O perdão é a ressurreição do seu casamento, por isso ressuscite perdoando. Reze:

*Obrigado, Senhor, pela graça de poder perdoar. Que eu jamais venha a guardar no coração as ofensas do(da) meu(minha) esposo(a). Ensina-me a corrigir com caridade, tendo em mente e no coração que é assim que o meu casamento dará frutos. "Tende piedade de nós, Senhor, tende piedade de nós. Fazei que cheguemos juntos a uma ditosa velhice" (Tb 8,10).*

*Amém.*

# Perseverai no amor

Os casais devem observar que Deus os quer unidos entre si. Ele não uniu homem e mulher para que brigassem ou guerreassem. Deus os uniu para se amarem.

> Este é o meu mandamento: amai-vos uns aos outros, como eu vos amo. (Jo 15,12)

Toda amargura, ira, indignação, gritaria e calúnia sejam desterradas do meio de vós, bem como toda malícia. Antes, sede uns com os outros bondosos e compassivos.

> Perdoai-vos uns aos outros, como também Deus vos perdoou, em Cristo. (Ef 4,31-32)

Coloque na mente e no coração que o Senhor uniu você e seu(sua) companheiro(a) para que haja amor. Da mesma forma que Ele (Jesus) o(a) amou você deve amar o(a) seu(sua) esposo(a). Mas como Jesus demonstrou este amor? O Evangelho de São João nos diz o seguinte: "Antes da festa da Páscoa, sabendo Jesus que chegara Sua hora de passar deste mundo ao Pai, como amasse os Seus que estavam no mundo, até o extremo os amou" (cf. Jo 13,1).

Jesus nos amou ao extremo da doação na cruz, de suportar as mentiras que inventaram contra Ele, as calúnias, e ao extremo de ser traído por um dos Seus amigos (Judas). Quero dizer com tudo isso que sua vida de casado não é muito diferente da de Nosso Senhor. Amar ao extremo é doar-se a cada dia, mesmo sem ser compreendido. Sem perseverança não se consegue, por isso Jesus recomenda: *"Perseverai no meu amor"* (Jo 15,9).

Há uma grande necessidade de lembrar o que você prometeu no altar, e prometeu com muita alegria no coração:

> *Eu (diga o seu nome), te recebo (o nome dela ou dele) por meu(minha) esposo(a) e te prometo ser fiel, amar-te e respeitar-te, na alegria e na tristeza, na saúde e na doença, todos os dias da minha vida.*

Você não pode deixar cair tudo isso por terra simplesmente por causa da ira, da indignação, da gritaria ou da calúnia. É hora de perseverar. São Paulo nos diz que todas essas coisas precisam ser desterradas (cf. Ef 4,31). Não carregue esse mal nas costas, desterre-o, jogue-o fora, tire-o da sua vida, afinal, Jesus

> carregou os nossos pecados em seu corpo sobre o madeiro para que, mortos aos nossos pecados, vivamos para a justiça. Por fim, por suas chagas fomos curados. (1Pd 2,24)

Se a Palavra de Deus está dizendo que Ele carregou é porque Ele carregou. Não deixe o inimigo de Deus atormentar seus pensamentos, levando-o ao desânimo e ao desejo de separação, pois Jesus mesmo disse que o homem não pode separar o que Deus uniu (cf. Mc 10,9).

> Não entregues tua alma à tristeza, não atormentes a ti mesmo em teus pensamentos. (Eclo 30,22)

Afirmo novamente: quanto mais você se atormentar com a ira, com a tristeza, com a amargura, com a indignação, com a gritaria e com a calúnia, mais desanimado com seu casamento você ficará. Jesus está dizendo que é preciso perseverar.

A recomendação de São Paulo é a seguinte:

> Perdoai-vos uns aos outros, como também Deus vos perdoou, em Cristo. (Ef 4,32)

A chave para continuar perseverando é o perdão contínuo. Ele é o antídoto para a impersistência. É sofrer no dia a dia sem nunca deixar de perdoar. Não quero dizer que o casamento é apenas sofrimento, mas na situação que talvez você esteja vivendo hoje é preciso perseverar sem nunca deixar de amar.

Comece tudo novamente. Não deixe as situações ruins tomarem conta do seu pensamento.

> Além disso, irmãos, tudo o que é verdadeiro, tudo que é nobre, tudo o que é justo, tudo o que é puro, tudo o que é amável, tudo o que é de boa fama, tudo o que é virtuoso e louvável, eis o que deve ocupar os vossos pensamentos. (Fl 4,8)

Se você pensar desta forma, o seu casamento será salvo. Persevere e não desanime. O Senhor está com você.

Veja o que diz o *Catecismo da Igreja Católica*:

> O sacramento do Matrimônio significa a união de Cristo com a Igreja. Concede aos esposos a graça de amarem-se com o mesmo amor

> com que Cristo amou a sua Igreja; a graça do sacramento leva à perfeição o amor humano dos esposos, consolida sua unidade indissolúvel e os santifica no caminho da vida eterna. (CIC, 1661)

Acredito que você já entendeu. Agora é hora de rezar. Coloque nas chagas de Nosso Senhor todas as situações que você está vivendo.

*Obrigado, Senhor, por esta graça maravilhosa do meu casamento. Digo com franqueza que as brigas e intrigas estavam levando-me ao desânimo, mas eu acredito na Tua misericórdia. Da mesma forma, Senhor, como perseveraste no amor eu também vou perseverar. Cobre-me com o Teu sangue e desterra da minha vida a ira, a indignação, a gritaria e a calúnia. Tomo posse agora, Senhor, da salvação que Tu me deste na cruz.*

*Afasta-te da minha vida e do meu casamento, Satanás, e vá para os pés da cruz de Cristo, onde é o teu lugar. Bebe tu mesmo teu veneno.*

*Jesus Cristo é o meu Senhor e Maria é a minha mãe.*

*Amém.*

# A vida matrimonial é um combate

Paulo era um grande homem de Deus. Foi dedicado e fiel ao seu ministério, mas sabia que apesar de sua fortaleza precisava de oração, por causa das tentações que enfrentava, dos seus pecados e das suas limitações. A vida cristã, de modo geral, é um grande combate no qual as forças do mal lutam para destruir os filhos de Deus. E a vida conjugal não é diferente. Marido e esposa precisam de um grande esforço para permanecer fiéis um ao outro.

No atendimento aos casais observo que os casamentos têm sido infestados pelo adultério. Este tem sido um dos mais frequentes motivos de separação e divórcio.

Talvez você, que está lendo este livro, esteja passando justamente por uma situação semelhante e pensando: "fui traído(a). Vou embora e não acredito mais em casamento".

Acredite: tudo é uma tentação. Tanto você foi vítima quanto seu pensamento de abandonar o seu cônjuge. Você precisa entender que o casamento é também combate. E é isto que o inimigo quer que você faça: jogue tudo para cima e vá embora. Não faça o jogo do inimigo. É preciso fazer o contrário.

Você sabe que nem você, nem seu marido são anjos. Não é porque vocês se casaram que não passarão por tentações. Reflita um pouco: será que você nunca sentiu atração por ninguém? Claro que sim. Mas, graças a Deus, você foi forte e não caiu em tentação.

Se, infelizmente, o seu marido, ou sua esposa caiu, não se separe. É preciso lutar para começar novamente. O inimigo conseguiu derrubar o seu marido (ou a sua esposa). Foi ele quem induziu seu cônjuge a se separar para ficar com a outra, com o outro. Você vai perder facilmente?

Lembre-se de toda luta que você passou para se casar e agora, por causa do adultério, vai pedir a nulidade do seu casamento? Não peça! Lute para tê-lo(a) de volta. Infelizmente ele(a) caiu em tentação.

Uma mulher certa vez recebeu a triste notícia de que o seu marido a deixou para ficar com outra. Muito orante, ela resolveu interceder por ele.

Perdoou-o de coração, renovou as suas promessas matrimoniais e aguardou o seu retorno. Também recebeu muitos conselhos dos amigos para que pedisse a nulidade, pensasse na sua pouca idade, pois não merecia isso. Disseram que era bom ela arrumar outra pessoa – claro que muitas vezes ela foi tentada a fazer tudo isso –, mas ela pediu a Jesus o retorno do seu marido. Nas Missas colocava as suas intenções, pedia a Nossa Senhora que cuidasse dele e transformasse o seu coração. Os anos foram passando e ela não desistiu até que o marido voltou.

Veja bem, ela não desistiu, não seguiu os conselhos errados. Rezou e aguardou até que Deus ouvisse as suas preces.

Contei este caso para você que está passando pela mesma situação. Lute pelo que é seu. Ele é seu porque foi Deus quem o deu a você, ela é sua porque foi Deus quem a deu para você. Seja um(a) intercessor(a).

Diga para Jesus:

*Senhor, converte o(a) meu(minha) esposo(a). Não permita que ele(a) se perca. Traga-o(a) de volta. Ele(a) precisa de conversão.*

*O grande traidor, o Teu inimigo, o(a) levou à traição, mas salva o(a) meu(minha) esposo(a).*

Você está entendendo? É preciso interceder para que Deus aja no coração dele ou dela. É assim que você vai tê-lo(a) de volta.

Saiba que o combate será demorado para alguns e rápido para outros. O tempo não importa; é preciso rezar sem nunca desanimar.

Santa Mônica rezou trinta anos pela conversão do seu filho Agostinho. E conseguiu não somente a sua conversão, como também sua santidade. Saiba que a sua oração vai transformar o(a) seu(sua) esposo(a) num(a) santo(a). É preciso perseverar na intercessão. Renuncie a todo ressentimento, perdoe de coração e aguarde a realização da glória de Deus. Ele(a) vai voltar, acredite!

A questão aqui não é somente a traição, mas também a meta que o Traidor tem de levá-lo(a) para o inferno. O seu marido, ou a sua esposa precisa voltar para casa e ganhar o Céu. Ele(a) precisa das suas orações para se salvar.

Um dia, uma mulher trouxe o esposo para que eu o atendesse. Ela estava muito machucada pois ele havia fugido com outra, embora, graças a Deus, tivesse retornado. A mulher dizia que permaneceria com ele, pois o amava e não queria vê-lo no inferno. Aquela mulher entendeu tudo. Aceitar de volta é ajudar a pessoa a não cair novamente no adultério. Ela não queria perdê-lo e não queria que Deus o perdesse.

Não perca o seu cônjuge para o inimigo. A salvação dele é importante. O lugar dele é o Céu, juntamente com todos os outros membros da sua família.

Repito: reze, interceda pela conversão dele(a). O *Catecismo da Igreja Católica* nos lembra:

> Contudo a poligamia não se coaduna com a lei moral. Opõe-se radicalmente à comunhão conjugal, pois nega diretamente o plano de Deus tal como nos foi revelado nas origens, porque contrária à igual dignidade pessoal entre o homem e a mulher, que no matrimônio se doam com um amor total e por isso mesmo único e exclusivo'. O cristão que foi polígamo está gravemente obrigado por justiça a honrar as obrigações contraídas para com as suas antigas mulheres bem como para com os filhos. (CIC, 2387)

A Igreja não aceita a poligamia pelo fato de Deus não aceitá-la. O seu matrimônio precisa ser regado pela oração. Satanás não pode vencer. Ele é o perdedor pois já está condenado.

*Obrigado, Senhor, pelo sacramento do Matrimônio. Entrego em Tuas mãos os casais que estão vivendo o difícil drama da separação. É preciso, Senhor, que aconteça o retorno. O inimigo não pode sair vitorioso. Concede aos esposos a graça da intercessão. Que eles saibam esperar como o Senhor nos espera.*

*Santíssima Virgem, coloco em tuas mãos todos os casais que sofrem. Que eles encontrem o seu lugar.*

Seja firme e não se desespere.

# Marido, seja fiel a sua esposa

A infidelidade conjugal é fruto de uma cultura que vem se estendendo de geração em geração, na qual o homem, para provar que é másculo, precisa ter mais de uma mulher. Ele constitui uma família para apresentar à sociedade e uma relação extraconjugal para explorar todo tipo de prazer, ferindo a moral cristã e trazendo sofrimentos atrozes para a família.

> Maridos, amai as vossas mulheres, como Cristo também amou a Igreja e se entregou por ela, para santificá-la, purificando-a pela água do batismo com a palavra, para apresentá-la a si mesmo toda gloriosa, sem mácula, sem ruga, sem qualquer outro defeito semelhante, mas santa e irrepreensível. Assim os maridos devem amar suas mulheres, como a seu próprio corpo. Quem ama a sua mulher ama-se a si mesmo. (Ef 5,25-28)

O amor é a essência que perfuma a união conjugal e ajuda a superar os defeitos e as dificuldades próprias da vida a dois. Quando o casal entra neste mistério, está assemelhando-se a Jesus que amou a Igreja e se entregou por ela. Este é o sentido do casamento, segundo o coração de Deus que não quer perder nenhum dos Seus filhos.

O matrimônio não pode ser vivido de qualquer forma, por causa das promessas que foram feitas diante de Deus, principalmente de amar e respeitar um ao outro. Grande parte dos problemas conjugais ocorre porque houve uma inversão de valores; o certo passou a ser errado e o errado passou a ser o certo.

No casamento, os cônjuges se comprometeram a se amar e respeitar, santificando-se mutuamente, mas a sexualidade no matrimônio se desvia cada vez mais das normas cristãs e a cultura do prazer ganha mais espaço, levando os casais à promiscuidade, porque o amor e o respeito deixaram de existir. É comum que hoje, quando um dos cônjuges não se submete a práticas sexuais antinaturais, o outro parta para o "amor livre" cujas consequências recaem também sobre a sociedade que incentiva este tipo de comportamento.

> Qualquer que seja o motivo, o uso deliberado da faculdade sexual fora das relações conjugais normais contradiz sua finalidade. Aí o prazer sexual buscado fora da "relação sexual exigida pela ordem moral, que realiza, no contexto de um amor verdadeiro, o sentido integral da doação mútua e da procriação humana". (CIC, 2352)

Este é um comportamento tipicamente masculino, pois o homem geralmente acha que suprindo as necessidades materiais da esposa, dando-lhe "casa, comida e roupa lavada", basta para que esta o deixe livre para viver suas aventuras sexuais. Há também os esposos que para "compensar" sua ausência presenteiam a esposa com joias, utensílios domésticos, móveis, roupas caras, como se a esposa precisasse somente disso para ser feliz.

Para a harmonia conjugal é necessário o equilíbrio entre as atitudes tanto do homem quanto da mulher. Não são poucas as que se dizem abandonadas, mas na verdade trocaram seu esposo por novelas, ou o esqueceram em virtude do desgaste físico que as tarefas domésticas, ou mesmo profissionais, acarretam. Quando o homem não encontra carinho em casa, vai procurar na rua. Ou ainda que ele não busque, fica descontente em casa, grosseiro, mal-humorado. Muitas vezes a esposa é responsável pela crise do casamento, porque não assume o seu esposo como deveria. Ela precisa amar os filhos, dar tempo ao esposo, ficar atenta ao seu comportamento.

Eu me sensibilizei com uma história:

O marido traiu a esposa por muito tempo e, como ela já desconfiava, ele resolveu contar o que fazia. Ela, vendo o seu arrependimento, o perdoou. Os dois vieram juntos para se confessar. Como disse no capítulo anterior, a chave do relacionamento está no perdão. Quando o casal não se perdoa, vem o divórcio.

Esclareço: perdoar não é fazer vista grossa aos pecados e erros que o cônjuge comete, mas sim eliminar do próprio coração o ressentimento, o ódio, a mágoa, deixando de remoer os fatos passados e lutando com o marido(ou com a esposa) para viver uma vida nova.

Os homens que têm muitas mulheres estão descumprindo o compromisso que assumiram com a esposa no dia a dia do casal; e a mulher não é obrigada a manter relações com um homem que tem muitas mulheres; até para se preservar de doenças sexualmente transmissíveis ela tem o direito de conservar-se em abstinência sexual.

Muitos maridos buscam aventuras porque as esposas estão "desgastadas", mas é preciso que eles se desgastem junto com elas amando-as. Não se pode aderir ao modo de viver do mundo trocando de "parceira". É muito fácil "conviver" de vez em quando com uma pessoa, sem suportar seus defeitos. Os que não acreditam no valor da família não sabem que o casamento é desígnio de Deus.

Os casais que estão vivendo esta situação precisam se reconciliar. Durante o momento de adoração de um encontro realizado, o Senhor revelou que uma mulher que sentia o chamado para ser freira estava tendo um caso com um homem casado. Ela e o homem estavam presentes no local e ele ficou tão tocado que, dizendo à mulher que não queria mais o relacionamento, foi para casa buscar a esposa e os filhos para participarem do encontro. Este homem se converteu, frequenta a Igreja e é devoto de Nossa Senhora.

As "aventuras amorosas" não são do agrado de Deus. E a separação também não. Pessoas que se descobrem traídas devem tentar reconstruir o relacionamento de maneira sadia, corrigindo os erros cometidos.

Satanás quer as famílias destruídas e por isso investe contra sua vida conjugal; mas não perca o seu marido facilmente, porque ele é seu, e não da outra. Fique atenta! Não entre pelo caminho mais fácil, que para muitos é a separação. Lute pelo que é seu, reze, vá até o fim.

> Mas existem situações em que a coabitação matrimonial se torna praticamente impossível pelas mais diversas razões. Nestes casos, a Igreja admite a separação física dos esposos e o fim da coabitação. Os esposos não deixam de ser marido e mulher diante de Deus; não são livres para contrair uma nova união. Nesta difícil situação, a melhor solução seria, se possível, a reconciliação. A comunidade cristã é chamada a ajudar essas pessoas a viverem cristãmente sua situação, na fidelidade ao vínculo de seu casamento, que continua indissolúvel. (CIC, 1649)

Com a separação de corpos os dois estão impossibilitados de ter outro relacionamento conjugal. Houve somente a separação de corpos, mas o casamento permanece válido; só é desfeito com a morte de um dos cônjuges.

> São numerosos hoje, em muitos países, os católicos que recorrem ao divórcio segundo as leis civis e que contraem civilmente uma nova união. A Igreja, por fidelidade à palavra de Jesus Cristo ("Todo aquele que repudiar sua mulher e desposar outra comete adultério contra a primeira; e se essa repudiar o seu marido e desposar outro comete adultério": Mc 10,11-12), se mantém firme em não reconhecer válida uma nova união, se o primeiro casamento foi válido. Se os divorciados tornam a casar-se no civil, colocam-se numa situação que contraria objetivamente a lei de Deus. Portanto, não têm acesso à comunhão eucarística, enquanto perdurar esta situação. Pela mesma razão não podem exercer certas responsabilidades eclesiais. A reconciliação pelo sacramento da penitência só pode ser concedida aos que se mostram arrependidos por haver violado o sinal da aliança e da fidelidade a Cristo, e se comprometem a viver numa continência completa. (CIC, 1650)

Os bispos de cada diocese podem orientar corretamente os fiéis sobre a maneira de eles agirem quanto ao processo de nulidade do seu casamento.

> A respeito dos cristãos que vivem nesta situação e geralmente conservam a fé e desejam educar cristãmente seus filhos, os sacerdotes e toda a comunidade devem dar prova de uma solicitude atenta, a fim de não se considerarem separados da Igreja, pois, como batizados, podem e devem participar na vida da Igreja:
>
> Sejam exortados a ouvirem a Palavra de Deus, a frequentarem o sacrifício da missa, a perseverarem na oração, a incrementarem as obras de caridade e as iniciativas da comunidade, em favor da justiça, a educarem os filhos na fé cristã, a cultivarem o espírito e as obras de penitência para assim implorarem, dia a dia, a graça de Deus. (CIC, 1651)

Eu vibro de alegria quando vejo homens e mulheres que, em meio as dificuldades, não se deixam levar facilmente pela separação e lutam para viverem unidos.

Uma mulher veio pedir-me um conselho e eu, prontamente, me dispus a ouvi-la. Dizia ela:

"Padre, o meu marido bebe muito, não me dá mais atenção e vive saindo com outras mulheres. Eu já não aguento mais e desejaria muito me separar. Já procurei muitas pessoas em busca de uma solução, mas encontro-me confusa. O que devo fazer?"

Como eu não aconselho ninguém a ir pela via da separação, lhe disse: "Minha senhora, lembre-se das promessas feitas ao seu marido no dia do casamento: 'Eu te recebo por minha esposa e te prometo ser fiel, amar-te e respeitar-te na alegria e na tristeza, na saúde e na doença todos os dias da minha vida'.

Infelizmente, hoje a senhora está vivendo o sofrimento. Jesus não disse que no sofrimento é para se separar, pelo contrário, é preciso lutar com Ele para tirá-lo da situação em que ele se encontra. Eis aí o sentido do consentimento que vocês deram no altar. O demônio pegou o seu marido no álcool e no adultério, são dois pecados graves que poderão levá-lo à perda da salvação, e Jesus não quer que seu marido se perca pois ele também foi resgatado pelo Seu sangue precioso.

A separação poderá contribuir para ele viver com mais facilidade estes grandes males. Não se separe, pelo contrário, empenhe-se na oração. Peça a Jesus a libertação do seu marido. O inimigo não pode sair vitorioso, somente Jesus. Ainda mais que Jesus mesmo nos ensinou: 'portanto, não separe o homem o que Deus uniu' (cf. Mt 19,6). Essa é a ordem de Jesus reze e Ele fará o resto. A Senhora sairá vitoriosa. É preciso vencer o inimigo que já destruiu muitos casamentos. O seu poderá ser o próximo."

Observei que depois da conversa ela estava mais calma. Rezei por ela, e me respondeu: "Era isso que eu queria ouvir. Não vou abandonar o meu marido e me empenharei na oração para resgatá-lo para Jesus". Você entendeu o que Jesus está pedindo de você? A salvação do seu esposo ou da sua esposa.

É hora de rezar:

*Espírito Santo, obrigado por toda compreensão que Tu me deste. Eu não posso abandonar o (a) meu (minha) esposo (a) agora que ele (a) precisa tanto de mim. A luta será grande, mas com a Tua força venceremos. Coloco o meu casamento no sangue precioso de Nosso Senhor Jesus Cristo. Que toda divisão seja superada e toda tentação de separação seja retirada. Eu jamais me separarei.*

*Virgem Maria, que socorrestes aos noivos nas Bodas de Caná, intercede hoje por mim.*

*Amém.*

Seja fiel e verá a vitória de Jesus no seu casamento.

# Na luta contra o divórcio

*E o Senhor Deus disse: "Não é bom que o homem esteja só. Vou fazer-lhe uma auxiliar que lhe corresponda". (Gn 2,18)*

DEUS CONCEDEU AO HOMEM a mulher adequada: sua esposa. E concedeu à mulher o homem adequado: seu esposo. Não há necessidade de buscar outra pessoa fora do casamento, porque Ele já lhe deu a ajuda necessária.

Toda fechadura tem uma chave correspondente; se você abrir a porta com outra chave, terá um grande prejuízo. O demônio tem oferecido "estepes" para os casais, e muitos, infelizmente, têm aceitado. Assim se tornam infelizes porque não se unem à pessoa que Deus determinou para suas vidas.

É difícil tolerar as limitações do outro, mas é preciso superá-las, porque Deus viu que você estava só: "Deus fez vir sobre o homem um profundo sono, e ele adormeceu. Tirou-lhe uma das costelas... O Senhor Deus formou a mulher e apresentou-a ao homem" (cf. Gn 2,21). Deus apresentou a esposa ao marido, e isso aconteceu com você também.

Se o seu casamento está em crise e em clima de briga, é necessário reverter esta situação. Lembre-se dos momentos bons vividos com seu esposo, do início da sua paquera, da primeira piscada, "do frio na barriga"... Lembre-se do primeiro beijo, do lugar onde vocês se encontraram pela primeira vez. Dos momentos felizes, dos presentes, dos gestos de afeto, de carinho, de acolhimento, de amadurecimento, das vitórias, das conquistas, dos sonhos e das alegrias.

Vocês conquistaram os pais um do outro e, com muita luta, chegaram ao noivado. Juntos imaginaram como seria o dia do casamento. Quando finalmente chegou o grande dia, seus olhares estavam voltados um para outro e nem perceberam as outras pessoas.

E diante do altar do Senhor prometeram ser fiéis um ao outro, amarem-se e respeitarem-se "na alegria e na tristeza, na saúde e na doença, amando-se e respeitando-se por todos os dias da vida".

O alicerce para um bom casamento é a fase do namoro. Mas infelizmente o sentido do namoro tem sido banalizado. Se não existir a amizade, a fidelidade e o respeito no namoro, será mais difícil fazer desabrochar esses sentimentos após o casamento. O verdadeiro sentido do namoro é preparar para se constituir uma família.

Após o casamento, por mais que o casal se conheça, existem as novas descobertas, e passados os anos surgirão também as decepções. E diante dessas situações, o inimigo de Deus aproveita e infiltra o seu veneno, ferindo o vínculo matrimonial. Acontecendo a primeira crise, muitos casais logo pensam em separação; perdem a razão e permitem que os sentimentos falem mais alto. Na maioria dos casos a raiz do adultério está relacionada com a indiferença, a frieza e a falta de diálogo.

> Por isso, o homem deixará pai e mãe e se unirá à sua mulher, e os dois formarão uma só carne. De modo que eles já não são dois, mas uma só carne. Portanto, o que Deus uniu, o homem não separe. (Mt 19,5-6)

O que Deus uniu o homem não separa. Portanto, a Igreja não permite uma nova união para um homem que já se casou uma vez.

> São numerosos hoje, em muitos países, os católicos que recorrem ao divórcio segundo as leis civis e que contraem civilmente uma nova união. A Igreja, por fidelidade à palavra de Jesus Cristo ("Todo aquele que repudiar sua mulher e desposar outra comete adultério contra a primeira; e se essa repudiar seu marido e desposar outro comete adultério", Mc 10,11-12), afirma que não pode reconhecer como válida uma nova união, se o primeiro casamento foi válido. Se os divorciados tornam a casar-se no civil, ficam numa situação que contraria objetivamente a lei de Deus. Portanto, não podem ter acesso à comunhão eucarística enquanto perdurar esta situação. Pela mesma razão não podem exercer certas responsabilidades eclesiais. (CIC, 1650)

O divórcio é a destruição das famílias. O que o demônio quer é justamente nos convencer de que o "importante é ser feliz".

Resista às situações de pecado apresentadas a você. Se aproximar-se de certa pessoa é tentação, afaste-se. Nessas ocasiões é preciso agir violentamente consigo mesmo, como ensinam os "Alcoólicos Anônimos": não se deve tomar o primeiro gole, pois não se resistirá aos seguintes.

A atração por determinada pessoa é um "processo": uma paquera, uma conversa agradável... E quando você percebe já está envolvido. Libertar-se também é um "processo": fugir do pecado, buscar o sacrário, a confissão, a Palavra de Deus e a disposição de viver a verdade. Na medida em que a libertação ocorre, passamos a correr atrás de Jesus e da Sua Salvação. Muitos dizem: "Tenho o direito de ser feliz". É verdade, mas só será feliz com aquele(a) que Deus lhe dará e não com a mulher ou o homem de outra pessoa.

Atendo muitos casos de esposas que foram trocadas por uma menina mais nova. No começo tudo parece muito bom, depois surgem as dificuldades.

Um dos motivos para as moças serem atraídas para relacionamentos assim é a falta do amor paterno, transferido para homens mais velhos – pura carência, com aparência de paixão. O mesmo ocorre com os garotos. São situações que poderiam ser sanadas numa terapia de cura interior.

Deus dá força para superar essas situações, mas a iniciativa precisa vir da pessoa: "o Reino de Deus é conquistado pelos violentos" (cf. Mt 11,12).

A fase da juventude deve ser bem aproveitada, mas com cautela para que não se perca a salvação.

Geralmente, quando as mulheres vão ficando mais velhas, perdem a paciência de encontrar a pessoa certa e, na ansiedade de encontrar alguém, se complicam na vida. É melhor ir para o Céu sozinha, do que para o inferno mal acompanhada. Jesus está hoje na agonia por causa dos jovens que se envolveram com pessoas casadas. Ele está suando sangue e pedindo a Deus a misericórdia.

A maior prova de amor que uma moça pode dar a um homem casado é dizer que não ficará com ele porque quer vê-lo salvo. Não vale a pena perder Jesus por causa de alguém. A melhor opção é ficar com Jesus.

A esposa tem a autoridade de Deus para lutar pelo seu marido. Esposas, se necessário, "colem no pé dele". Não entreguem sua história. Façam sacrifícios pela conversão do seu esposo. Não o entreguem para uma menina de vinte anos. O sacramento tem o seu efeito e Deus tem poder para reconstruir seu matrimônio.

Lembrem-se da casa que vocês conquistaram com sacrifício, dos filhos que foram concebidos no amor... Não os deixem órfãos de pai.

Peçam agora:

*Senhor Jesus, que a Tua misericórdia alcance os que hoje se encontram numa vida complicada. Livra-os dos relacionamentos que levam ao pecado.*

*Senhor, que os nossos ouvidos estejam abertos para a Tua verdade que age e liberta.*

*Sim, Jesus, que São Miguel e todos Teus anjos acampem ao redor dos lares; para que os namoros, noivados e casamentos dos Teus filhos sejam libertos de toda ação maligna e, fiéis um ao outro, os casais testemunhem a alegria de ser família.*

*Amém.*

## O que Deus uniu o homem não separa

As crises nos casamentos muitas vezes não se resolvem porque os casais não são transparentes entre si e ficam ruminando fatos dolorosos, criando uma barreira intransponível, até se separarem.

> Maria, sua mãe, estava prometida em casamento a José e, antes de passarem a conviver, ela encontrou-se grávida pela ação do Espírito Santo. José, seu esposo, sendo justo e não querendo denunciá-la publicamente, pensou em despedi-la em segredo. Mas depois que lhe veio esse pensamento, apareceu-lhe em sonho um anjo do Senhor, que lhe disse: "José, Filho de Davi, não tenhas receio de receber Maria, tua esposa; o que nela foi gerado vem do Espírito Santo". (Mt 1,18-20)

José pensou em separar-se de Maria e foi avisado em sonho que não o fizesse. Humanamente sua situação era constrangedora, mas ele foi fiel. E você? Quer separar-se também? Seja dócil à vontade do Senhor. O divórcio não é a melhor solução para resolver um problema.

Não entre no jogo do inimigo. Ele semeia insatisfação no relacionamento e você começa a duvidar do seu amor pelo seu cônjuge. O que Deus uniu o homem não separa. A melhor solução para acabar com a crise é a partilha e a transparência que gera confiança. Separação gera filhos desestruturados, abalados emocionalmente.

Os casais que estão em crise precisam buscar a orientação da Igreja, mediante um padre ou um bispo, pois a intenção da Igreja é ajudar.

> O casal de cônjuges forma "uma íntima comunhão de vida e de amor que o Criador fundou e dotou com suas leis. Ela é instaurada pelo pacto conjugal, ou seja, o consentimento pessoal irrevogável". Os dois se doam definitiva e totalmente um ao outro. Não são mais dois, mas formam doravante uma só carne. A aliança contraída livremente pelos esposos lhes impõe a obrigação de a manter una e indissolúvel. "O que Deus uniu, o homem não separe" (Mc 10,9). A fidelidade exprime a constância em manter a palavra dada. Deus é fiel. O sacramento do Matrimônio faz o homem e a mulher entrarem na fidelidade de Cristo à sua Igreja. Pela castidade conjugal, eles testemunham este mistério perante o mundo. (CIC, 2364-2365)

Casamento não é brincadeira. O casal, antes do matrimônio, precisa ser muito bem orientado sobre o compromisso que está assumindo.

O seu casamento tornou-se um campo de batalha. O demônio está investindo para você esfriar na oração e desistir de seu esposo, mandando-o embora (como se você tivesse o direito de romper um sacramento). Mas o Senhor está lhe pedindo para perseverar no jejum, na adoração, na Missa. Na medida em que você vai se fortalecendo, o inimigo começa a trabalhar no seu cônjuge que não reza. E revela o adultério dele, leva-o para a bebida... Para que você entre em crise achando que não vale a pena lutar por ele, e peça a separação.

Há muitas pessoas revoltadas com os padres pois não aceitam que conviver com outra pessoa, sendo casadas, é adultério. E a Igreja é bem clara quanto a isso.

> O adultério. Esta palavra designa a infidelidade conjugal. Quando dois parceiros, dos quais ao menos um é casado, estabelecem entre si uma relação sexual, mesmo efêmera, cometem adultério.
>
> Cristo condena o adultério mesmo de simples desejo. O sexto mandamento e o Novo Testamento proscrevem absolutamente o adultério. Os profetas denunciam sua gravidade. Veem no adultério a figura do pecado de idolatria.
>
> O adultério é uma injustiça. Quem o comete falta com seus compromissos. Fere o sinal da Aliança que é o vínculo matrimonial, lesa o direito do outro cônjuge e prejudica a instituição do casamento, violando o contrato que o fundamenta. Compromete o bem da geração humana e dos filhos que têm necessidade da união estável dos pais. (CIC, 2380-2381)

Se você está fazendo algo que vai contra a sua pessoa e contra a Igreja, procure orientação. Não tome decisões sem antes partilhar com alguém o que está vivendo. Não tome decisões em crise. É tempo de interceder por aqueles que estão em profunda crise, principalmente pelas famílias que enfrentam dificuldades nos seus relacionamentos.

*Senhor, salva os casamentos que estão sendo destruídos.*

*Toca os corações que hoje se encontram desesperados e decepcionados. Dá um novo ânimo às famílias, que ninguém decida nada sozinho em suas vidas.*

*Senhor, renova o amor que um dia os uniu.*

*Amém.*

# Encharcados de vinho novo

Uma vida de equilíbrio gera coerência entre o que somos e o que dizemos; entre o que almejamos ser e o que a Bíblia diz.

A Palavra nos orienta sobre as mais diversas áreas de nossa vida, inclusive sobre o que pensamos ser irrelevante, sem muita importância – a bebida, por exemplo. Acredito que grande parte da população mundial tenha consciência dos males que a ingestão excessiva do álcool acarreta no organismo humano. Além disso, não são poucos os relacionamentos conjugais que terminam em consequência do alcoolismo. O livro do Gênesis relata um pouco dos problemas que a bebida provoca.

> Noé começou a praticar a agricultura e plantou uma vinha. Bebeu vinho e se embriagou, ficando despido dentro da tenda. Cam, o antepassado de Canaã, viu a nudez do pai e foi contar aos dois irmãos que estavam fora. Sem e Jafé, porém, puseram o manto nos ombros e, caminhando de costas, cobriram a nudez do pai. Como estavam de costas, não viram a nudez do pai. Despertando da embriaguez, Noé ficou sabendo o que fizera o filho mais novo e disse: "Maldito seja Canaã! Que se torne o último dos escravos de seus irmãos". (Gn 9,20-25)

Não há necessidade de embriagar-se, perder o controle da situação, colocar em risco a própria vida e a dos que estão à volta. Se ingerida com domínio, a bebida pode ser benéfica, como comprovaram algumas pesquisas vinculadas pelos meios de comunicação de massa. Jornais e revistas já publicaram reportagens a respeito do benefício que um cálice de vinho traz ao corpo humano se tomado somente uma vez ao dia, em uma das refeições.

> Não bebas mais somente água; toma também um pouco de vinho, por causa do teu estômago e de tuas fraquezas frequentes. (1Tm 5,23)

Todavia, o que falta para nós é justamente a "boa medida", o domínio. Muitas esposas, juntamente com os filhos, tiveram de buscar num bar o esposo embriagado. E sentem dificuldade de sair à rua, andar pela vizinhança, devido à vergonha.

A pessoa que bebe perde a noção da realidade e por isso gera contendas: bate nos familiares, humilha os amigos, quebra objetos em casa, traz sofrimento... É um processo que começa cedo. Não são, infelizmente, os homens de quarenta, cinquenta anos que iniciam uma vida na bebida. Já adolescentes, os rapazes tomam gosto pelos *drinks,* pelos coquetéis, e experimentam batidas, licores, "avançam" para bebidas mais fortes, com maior teor alcoólico, *whisky, vodca* – talvez com o intuito de provarem sua masculinidade –, sem perceberem que, sutilmente, estão se tornando dependentes. E as mulheres estão enveredando por caminhos semelhantes.

Em tudo o que fazemos é preciso ter equilíbrio.

> Não vos embriagueis com vinho – pois isso leva ao descontrole, mas enchei-vos do Espírito. (Ef 5,18)

Fomos criados para a sobriedade e não para a ebriedade. A Igreja não condena a bebida, mas a embriaguez, porque é pecado. É nítida a "transformação" que ocorre numa pessoa que bebe: mudança na voz, na cor dos olhos, descontrole na sexualidade...

Há também os que bebem em casa. Não saem para o bar, mas obrigam os filhos a comprar bebida e ensinam-lhes a beber, pois a criança fica curiosa, molha a chupeta, fica viciada. Sua casa não é para o que você quer fazer, mas para o que Deus quer. Tudo isso são valores distorcidos. Andar frequentemente com um copo cheio de bebida na mão deveria causar vergonha, não impor respeito. Atualmente sente-se vergonha por orar em línguas e rezar, as pessoas ficam incomodadas com conversas sobre Jesus, mas não se envergonham de ter seus lares destruídos pela bebida. Por que Jesus é tão malvisto?

Se dançamos ou louvamos a Deus, somos chamados de fanáticos e loucos, mas se nos embebedamos e cometemos loucuras, nos acham normais.

É uma tristeza encontrar padres que em suas homilias dizem que bebem, ou que para demonstrar amizade a algum paroquiano vão com ele até um bar tomar um chope. O que ele faz é incentivar o vício e dar justificativas para o dependente se embebedar: *"Se o padre, que vai à Missa todos os dias, bebe, por que eu não posso beber?"*.

As pessoas encontram muitos motivos para inserir a bebida em suas vidas. Aniversários, até mesmo de crianças, já são "regados" a cerveja e, às vezes, dependendo do nível social da família, até a batidas e outras piores. Quem estipulou a regra de que em aniversários é preciso haver bebidas? Não pode ser um suco ou um refrigerante? Estas atitudes nos fazem cooperar com a embriaguez do próximo, com a separação de casais, com a divisão dos lares. Muito sofrimento é causado pela bebida. É hora de tomar uma decisão: exterminar da sua casa qualquer tipo de bebida alcoólica.

Um homem contou-me: “Padre, eu bebia muito. Certo dia, quando minha esposa assistia à TV Canção Nova, eu passava pela sala e o ouvi falando sobre a bebida. Senti muita raiva, mas não sei o que aconteceu: parei de beber. Antes disso eu dava muito prejuízo dentro de casa, batia na minha filha e na minha esposa, mas graças a Deus agora está tudo bem. Aconteceu que minha filha estava prestes a se casar e me disse: ‘Pai, vamos comprar cerveja para servir na recepção, tudo bem?’ Eu insisti que não, recordei-a de como eu era violento em virtude da bebida, mas ela insistiu tanto que eu cedi. Na metade da festa, começaram umas brigas e o ‘quebra-quebra’ pelo excesso de bebida em algumas pessoas. Minha filha veio a mim e disse: ‘Pai, você não está vendo a confusão?’ Eu respondi: ‘Minha filha, deixe-os brigar. Eu avisei que não era para você comprar bebida’. No dia seguinte, o prejuízo: vidros e cadeiras quebrados... Eu decidi que a bebida não entraria nunca mais em minha casa e minha filha entendeu por que eu não queria bebida”.

Os cristãos precisam fazer sacrifícios de não beber, por todos os que estão bebendo, que já estão com cirrose, que não têm controle sobre o corpo e por suas famílias que sofrem muito.

Há dois pretextos para beber: quando está frio, para esquentar, e quando está quente, para refrescar. É só ver as propagandas que eram veiculadas em revistas, na televisão, em panfletos: um copo de cerveja com uma mulher dentro para aquecer ou refrescar. Se homem já gosta de cerveja, gostará ainda mais quando ali dentro tiver uma mulher que não é feia. Moral da história: se beber, vai encontrar uma mulher; além do pecado do alcoolismo, tem-se a desvalorização da mulher comparando-a com uma cerveja.

Seria um sonho se parassem de vender bebidas. O mundo seria muito melhor. Não veríamos mais pessoas embriagadas. As famílias estariam reconciliadas.

Estão em pecado os que se alcoolizam, tanto quanto os que vendem a bebida e incentivam o seu consumo. Pare de vendê-la! Sei que ela traz lucro, mas é um lucro conseguido à custa do sofrimento alheio.

O álcool afeta o fígado, podendo levar a uma cirrose hepática. A intoxicação aguda pode levar a uma baixa de glicose no sangue, responsável por mortes súbitas; a fraqueza muscular também é um efeito colateral do alcoolismo.

> Cuidado para que vossos corações não fiquem pesados por causa dos excessos, da embriaguez e das preocupações da vida, e esse dia não caia de repente sobre vós. (Lc 21,34)

Jesus está nos alertando para que não encontre ninguém embriagado. Tenhamos cuidado para não morrer embriagados porque *os beberrões não herdarão o Reino de Deus.* Convoco vocês que bebem pouco a pararem por causa daqueles que são escravos da bebida. Se a bebida fosse motivo de união na família, eu seria o primeiro a beber. O padre deve dar testemunho com sua vida, pois, ao contrário do que dizem, durante a missa ele não bebe. Jesus não falou: *"Tomai e bebei, este é o vinho que eu dou para a remissão dos pecados..."*. Jesus diz: *"Tomai e bebei todos vós, isto é o meu sangue, que será derramado por vós para a remissão dos pecados..."* O vinho é somente a espécie.

Talvez muita gente não saiba que Luzia Santiago sempre gostou de beber socialmente. Embora ela nunca tenha se embriagado, imaginava o Céu como "cachoeiras de bebidas", mas hoje ela não bebe nada em penitência pelas muitas mulheres que ligam para ela, só pedindo pelo marido alcoólatra.

Há estudos dizendo que fatores genéticos são importantes em algumas formas do abuso do álcool. Por isso, quando o pai ou a mãe bebem, há probabilidade do filho ser um dependente do álcool.

Como construir uma família sobre o solo do álcool e da bebida?

Só vamos atingir a perfeição quando chegarmos ao Céu, mas na Terra precisamos lutar pela perfeição diariamente.

*Senhor Jesus, pelo Teu sangue precioso derramado na cruz quero te apresentar os casais que sofrem por causa do álcool. Que o Divino Espírito Santo venha sobre eles.*

*Afasta, Senhor, esta erva daninha que já destruiu muitos casamentos. Concedei as pessoas e aos esposos fortaleza para se livrar deste mal.*

*Não permita Senhor que eles se separem, mas vençam este mal com o Teu poder.*

*Virgem Maria, socorrei-os sem demora.*

*Amém.*

# Desterrando a bebida do casamento

Abrão, grande personagem bíblico, foi o pai de uma multidão. A partir dele Deus quis formar um novo povo, pois o povo não servia ao Deus verdadeiro, só aos deuses. E para Abrão fazer a vontade de Deus, precisou deixar tudo.

> Deixa tudo! Farei de ti uma grande nação; eu te abençoarei e exaltarei o teu nome, e tu serás uma fonte de bênçãos. (cf. Gn 12,1)

Graças a Abrão, hoje podemos servir ao verdadeiro Deus. Mas para que a graça de Deus aconteça em nossas vidas é preciso que abandonemos o pecado, como Abrão abandonou. Abandonando o pecado, a bênção vem sobre nós. Hoje, por causa do pecado, muitas famílias estão desestruturadas. O próprio Jesus diz: "Abandone o pecado, vou abençoar você para sempre".

> O Senhor disse a Abrão: "Deixa tua terra, tua família e a casa do teu pai, e vai para a terra que eu te mostrar. Farei de ti uma grande nação; eu te abençoarei e exaltarei o teu nome, e tu serás uma fonte de

> bênçãos. Abençoarei aqueles que te abençoarem e amaldiçoarei aqueles que te amaldiçoarem; todas as famílias da terra serão benditas em ti". (Gn 12,1-3)

Reforço: as bebida é um elemento que precisa ser deixado. Quando em uma família um dos membros é dependente de bebida alcoólica, há muito sofrimento. Se é o marido, os filhos ficam sofridos, a esposa depressiva, mas, se for a mulher, as consequências podem ser bem mais graves, há uma destruição impactante na família. E, se forem os filhos, os pais se desesperam e ficam inconformados.

Talvez nem seja em casa que a pessoa beba, mas facilmente encontra bebida em bares. Tem sido comum os adolescentes, em horário de aula, frequentarem bares nas proximidades das escolas e universidades, consumindo bebidas alcoólicas.

Jamais ouvi alguém dizer: "A minha família é uma bênção e todos bebem". Onde há bebida, dificilmente há uma família estruturada. O vício da bebida é uma maldição na casa.

Há quem toma todas, depois vem se arrastando pela rua e quando entra em casa a maldição entra junto: quebra tudo, bate na esposa, o filho fica com medo, sai gente correndo de dentro de casa, tudo por causa da bebida, tão aclamada por tanta gente. É um engano pensar que a bebida traz alegria. Na realidade, a pessoa experimenta a euforia e o bem-estar momentâneos, que a levam a agir impulsivamente, daí o adultério, as brigas e tantos outros pecados. Infelizmente, as pessoas buscam afogar os problemas de sua vida no álcool.

Um casal testemunhou que decidiu não servir bebida alcoólica na festa de casamento. Os familiares foram os primeiros a reclamar: "Como pode casamento sem bebida? Não faz mal a ninguém, não tem graça se não tiver bebida alcoólica". Porém, o casal permaneceu firme na sua decisão. Ao terminar tudo, os garçons do *buffet* disseram que aquela fora a primeira festa de casamento sem brigas na qual eles trabalharam.

Hoje as sedutoras propagandas de cerveja levam o espectador a fantasiar situações de prazer, beleza e alegria, mas não expõem os riscos e as consequências da bebida. Deus está dizendo: "Larga a bebida e eu te abençoarei". Entenda: o Senhor nos abençoa de modo incondicional. Se você não largar a bebida, as bênçãos dEle recairão sobre você da mesma forma; contudo, você não conseguirá desfrutar delas por causa da confusão e do pecado que a bebida traz. Se você optou pela bebida e por suas consequências, o Senhor respeita sua decisão e fica "impotente" para agir porque você não quer que Ele aja. Mas, se renunciar à bebida e optar pela Sua vontade, você conseguirá viver melhor e perceber as bênçãos de Deus.

O adultério, o desemprego são maldições que a bebida atrai. Muitos homens vivem de trabalho em trabalho porque não conseguem parar de beber. Mas basta largar a bebida para começar a ter uma vida e uma família estruturadas. Um vício leva a outro e há pessoas que, depois da bebida, aderiram aos jogos: homens e mulheres viciados no pôquer, no bingo, gastando o dinheiro que recebem com o suor do trabalho numa falsa esperança. E pior: voltam para casa tristes, sem querer saber da família. E quanto mais jogam, mais sentem prazer em jogar.

Largue o jogo, queime as cartas de baralho que estão em sua casa, desfaça-se das garrafas de bebida para salvar a sua família. Garanto a você que a bênção alcançará sua casa.

A bebida de forma exagerada, principalmente no casamento, tem sido motivo de maldição, não de bênção. Os frutos são amargos: impotência sexual, cirrose hepática, filhos com tendência ao alcoolismo, desemprego...

Veja o que diz o livro dos Provérbios:

> Não te ajuntes com os bebedores de vinho, com aqueles que devoram carnes, pois o ébrio e o glutão se empobrecem e a sonolência veste-se com andrajos. (Pr 23,20-21)

A própria Palavra de Deus está dizendo que a bebida leva a pessoa ao empobrecimento. Recomece a vida. Dê um fim à bebida. Jesus quer modificar totalmente a sua vida, mas é preciso que haja, da sua parte, um rompimento com a bebida, por isso quero convidar você a fazer esse rompimento através da oração.

*Senhor Jesus, sei que com as minhas próprias forças jamais conseguirei largar a bebida. Reconheço que nem enxergava o quanto ela estava prejudicando a mim e aos meus familiares. Diante da cruz coloco todo vício da bebida e rompo totalmente com este prazer que tem me prejudicado constantemente.*

*Peço-Te perdão por todo mal causado a mim e à minha família. Proponho-me, com o auxílio da Virgem Maria, a começar minha vida novamente. Abençoai o meu casamento e os meus filhos.*

*Obrigado, Senhor, por tudo o que fizeste por mim.*

*Amém.*

# O verdadeiro amor

O SENHOR FALAVA COM MOISÉS face a face, para animá-lo diante das murmurações do povo israelita. E o designou para conduzir o povo à terra prometida. Por isso, todos os dias Moisés armava a barraca e ficava a sós com o Senhor na "tenda do encontro" – um lugar especial assim nomeado por Moisés (cf. Ex 33,7-11).

O lugar do encontro do sacerdote com Jesus é a celebração da Eucaristia. Estar com Jesus face a face é vida para o sacerdote, inclusive depois de um dia inteiro de atendimento. É Deus quem reanima suas forças para que ele cumpra sua missão, como Moisés que se entretinha face a face com Deus. Sem este encontro não há vocação religiosa que resista.

Com os casais não é diferente: precisam encontrar-se com Deus para encontrar-se um com outro no lugar propício.

> Os atos com os quais os cônjuges se unem íntima e castamente são honestos e dignos. (CIC, 2362)

Portanto, o ato sexual é santificado por meio do sacramento, ou seja, o casal é introduzido na tenda do Senhor. Porém, se este ato ocorre no momento errado, buscado apenas saciar o próprio desejo, ao serem introduzidos na tenda, os cônjuges já estarão saturados um do outro.

Há quanto tempo você não faz de seu quarto o "lugar do encontro"? Talvez a última vez tenha sido na lua de mel ou nos primeiros dias de casamento. Os casais têm transformado sua intimidade em "desencontro". Um chega, o outro sai, a esposa deseja conversar e o marido dormir; a separação vai ocorrendo dentro da própria casa, tornando o relacionamento insuportável.

Sabemos que são muitos os motivos que levam o relacionamento ao esfriamento. Talvez muitos casais não tenham consciência, mas até o uso da TV dentro do quarto, se não é bem administrado, extermina o diálogo.

Se deixaram de olhar um nos olhos do outro e está faltando a profunda amizade, se o termômetro do relacionamento indica frieza, certamente chegou a hora de resgatar as promessas do namoro.

Como afirmei anteriormente, talvez a preocupação do marido seja proporcionar o bem-estar para a família, o dinheiro para comprar as roupas para as crianças, o alimento que não pode faltar, o plano de saúde... Cego pelas responsabilidades, considera-se um bom marido.

## Escrevo para as esposas

Se o seu marido entra em casa, toma banho, janta, assiste ao jornal e depois vai dormir, sem notá-la, não desista! No momento oportuno olhe-o nos olhos, elogie-o, expresse seus sentimentos, não permita que ele se case com o trabalho.

Sabemos que a estrutura familiar é importante, mas a esposa jamais se satisfaz com o dinheiro, e sim com o amor correspondido. Mas é preciso que você também faça a sua parte. Queime as cartas dos ex-namorados, fuja das ocasiões de pecado, não alimente a concupiscência para não perder o marido nem a eternidade. Tenha um procedimento íntegro, condizente com a Palavra de Deus.

## Para os maridos...

Conheço também as esposas que se casam com o trabalho. Elas dormem falando do trabalho e acordam da mesma forma. Não falam de si, não permitem que o esposo fale de si e nem percebem que com isso o casamento está se desgastando.

O cansaço do dia a dia sempre existirá, mas é necessário que um ou outro ceda para que haja harmonia conjugal e, mesmo cochilando, dizer: *"Pode falar, meu bem, vou ouvi-lo"*. Fazer deste momento algo especial é atualizar a amizade, é fermentar o amor.

O amor conjugal é gerador de vida, por isso podemos dizer que o quarto é lugar sagrado. É inconcebível que neste lugar entrem camisinhas, revistas e vídeos pornográficos. Se a Igreja não permite, consequentemente, na igreja doméstica também não haverá lugar para isso. No momento do encontro, Deus se faz presente e não admite as desgraças que o inimigo oferece.

Deus permite e aprova a relação sexual no matrimônio, mas não significa que "vale tudo". O que não está de acordo com a natureza também não está com o moral, portanto, o sexo oral ou anal e a troca de casais não estão de acordo com a natureza – são ofensas ao leito conjugal, ao lugar sagrado.

Tenho ouvido esposas que se queixam dos maridos que as obrigam a fazer o que elas não querem. Homem, sua esposa não é um animal, é filha de Deus. O sexo é uma graça de Deus e o demônio cada vez mais o "esvazia". Se no relacionamento Deus é colocado de lado, o inimigo "faz a festa".

É hora de rever se o leito conjugal está na graça de Deus.

> O matrimônio seja honrado por todos, e o leito conjugal, sem mancha; pois Deus julgará os libertinos e os adúlteros. (cf. Hb 13,4)

Prefira dormir em cima do estrado com sua esposa a levá-la para dormir na cama de um motel. O leito conjugal é sagrado. Deus e a Sagrada Família não se fariam presentes num lugar onde tantos casamentos acabaram. Jesus precisa ser introduzido no lar, assim as "porcarias" não entrarão em sua casa e muito menos em seu quarto.

Certo dia, ao visitar um casal, conheci toda a sua casa. Ao entrar no quarto senti tanto a presença de Deus, que por um instante pensei estar numa capela. O casal, com todas as dificuldades que enfrenta, busca superá-las com a oração.

Se é moda mulheres buscarem os psicólogos pedindo orientação para se separar, procure o sacerdote para que promova a reconciliação entre sua esposa e você. E se o sacerdote da paróquia não tiver tempo, busque outros, pois vocês precisam se reencontrar. Na verdade, o que muitas vezes falta é a harmonia e o diálogo conjugal.

Com o passar do tempo os encantos do matrimônio passam e a razão precisa prevalecer. É próprio da mulher agir com o coração, mas ela não pode se deixar seduzir por propostas de outros homens que com ela convivem.

Se trabalhar longe da sua esposa o leva ao pecado, nem o seu salário será abençoado. Peça a Deus que providencie um outro para que você fique próximo da sua esposa. O importante não é o valor do seu salário, mas a sua integridade para com o seu cônjuge.

Maridos, sejam fiéis também em seus empregos, em seus pensamentos, em sua maneira de ser.

## Continuando...

Se fisicamente os cônjuges não são mais os mesmos de quando se conheceram, não importa; hoje são uma só carne. E o inimigo usa de todos os meios para que eles quebrem a promessa feita no altar, diante de Deus.

Façam do quarto o lugar do encontro de vocês. Você, esposa, prepare bem o seu quarto. Deixe-o bem arrumado, arejado. Ali vocês irão dialogar, se perdoar e se relacionar.

Convidem Jesus para se tornar presente neste lugar tão abençoado. Onde três pessoas precisam permanecer: Jesus e vocês dois. E se Jesus habita no quarto, vocês precisam conversar com Ele. A oração é indispensável no lugar do encontro.

Certa vez, celebrei as Bodas de Ouro de um casal. Cinquenta anos de casamento! No momento em que celebrava perguntei-lhes: "Como vocês conseguiram ficar cinquenta anos juntos?". Eles responderam: "Padre, nunca dormimos antes de rezar". Veja bem: eles fizeram do quarto também o lugar da oração. A presença do Senhor Jesus na vida deles levou-os à perseverança.

Claro que a vida deles não foi "um mar de rosas", mas tudo foi superado na oração. Jesus os ajudava nos momentos difíceis.

Isso acontecia por causa da permissão que eles deram para Jesus reinar em seu relacionamento.

*Abençoa, Senhor, os casais, a casa, de maneira particular o quarto, que é lugar do encontro. Retira, Senhor, o inimigo que quer destruir e infestar o lugar do encontro com todas as suas porcarias. Que cada canto do quarto seja contagiado pela Tua presença.*

*Envia, Senhor, o Espírito Santo, concedendo a cada casal a graça do discernimento, do diálogo e da perseverança.*

*Virgem Maria, a Senhora, juntamente com São José, se torna modelo para os casais. Fortalecei aqueles que se sentem desfalecidos. Que no quarto onde eles se encontram haja o respeito mútuo e a felicidade de poderem se encontrar não somente um com o outro, mas com o Seu Filho Jesus.*

*Amém.*

# Sexo: fonte de vida ou depravação

O PECADO EM SODOMA E GOMORRA cresceu e agravou-se muito, fazendo com que Deus não ocultasse de Abraão o que ia fazer. E na presença do Senhor, Abraão Lhe disse:

> "Vais realmente exterminar o justo com o ímpio? Se houvesse cinquenta justos na cidade, acaso os exterminarias? Não perdoarias o lugar por causa dos cinquenta justos que ali vivem? Longe de ti proceder assim, fazendo morrer o justo com o ímpio, como se o justo fosse igual ao ímpio! Longe de ti! O juiz de toda a terra não faria justiça?" O Senhor respondeu: "Se eu encontrar em Sodoma cinquenta justos, perdoarei por causa deles a cidade inteira". (Gn 18,23-28)

Abraão prosseguiu com ousadia suas perguntas a Deus e concluiu:

> "Que meu Senhor não se irrite, se falar só mais uma vez: e se houver apenas dez?" E Ele respondeu: "Por causa dos dez, não a destruirei". (Gn 18,32)

Então, para cumprir Sua promessa, Deus enviou dois anjos à Sodoma com o intuito de verificar o procedimento dos habitantes. Lot estava sentado à porta da cidade e insistiu muito, de modo que foram com ele para casa, onde lhes preparou um jantar. Quando os habitantes de Sodoma souberam da presença dos anjos, cercaram a casa e disseram a Lot:

> "Onde estão os homens que vieram à tua casa esta noite? Traze-os cá até nós, para termos relações com eles". Ló saiu à porta, fechou-a atrás de si e lhes disse: "Por favor, meus irmãos, não façais semelhante maldade. Vede, tenho duas filhas ainda virgens. Vou trazê-las para fora. Podeis fazer com elas o que bem entenderdes; mas nada façais a estes homens, pois vieram acolher-se sob o meu teto". Eles lhe disseram: "Fora daqui! Este indivíduo veio como imigrante e pretende ser juiz? Pois bem. Vamos te fazer algo pior do que a eles". Avançaram violentamente sobre Ló e já estavam para arrombar a porta. Mas os hóspedes intervieram, puxaram Ló para dentro de casa e fecharam a porta. Feriram de cegueira os homens que estavam fora, desde o menor até o maior, de modo que não podiam mais encontrar a porta. (Gn 19,5-11)

Os moradores de Sodoma queriam ter relação sexual com os anjos do Senhor, tamanha era a depravação da cidade. E os anjos do Senhor disseram a Lot: se tens parentes na cidade, tira-os daqui, e não olhes para trás, porque o Senhor nos enviou para destruí-la. Lot obedeceu, mas sua esposa, virando-se para trás, foi transformada em uma estátua de sal.

"Sodoma" vem da palavra "sodomia" que significa "ato sensual contra a natureza", fora dos padrões normais. Na época de Sodoma não existiam vídeos e internet, mas o demônio inspirava pecados em meio aos filhos de Deus tanto quanto hoje.

A prevenção contra a Aids é a castidade. Ao contrário do que muitos pensam, a camisinha é um incentivo ao sexo depravado.

Algumas campanhas, juntamente com a mídia, têm uma poderosa força de persuasão e modelam as atitudes e os comportamentos da sociedade. É direito do povo receber informações fundadas na verdade. Até os países desenvolvidos perceberam que as campanhas estão falidas e passaram a incentivar os jovens à abstinência sexual:

*"Governo da Inglaterra decide embasar a campanha de educação sexual na abstinência sexual"*. É o título. O governo da Inglaterra está dizendo para os jovens que não vivam a vida sexual antes do casamento.

> Diante do evidente fracasso das campanhas de educação sexual baseadas na promoção de métodos anticonceptivos, o governo de Tony Blair decidiu impulsionar uma nova iniciativa baseada na promoção da abstinência como forma de vida dos adolescentes. O governo de Tony Blair tomou essa decisão logo depois de avaliar os resultados das campanhas anteriores que, baseadas na distribuição de preservativos e anticonceptivos, não só não reduziram o número de gravidezes de adolescentes, como converteram a Inglaterra no país com a maior taxa de gravidez de adolescentes na Europa. (*Folha de S. Paulo* de 12/10/00)

Já temos a receita para evitar a Aids, as doenças sexualmente transmissíveis e o inferno: castidade. Lidamos com a eternidade. O problema maior não é a Aids, mas a perda do Céu. O dia do julgamento será tarde para você dizer ao Senhor que evitou a Aids, porque Ele vai dizer: *"Eu queria que você evitasse a depravação"*.

Seria interessante se o Ministério da Saúde divulgasse o número de pessoas contaminadas pelo HIV e pelas mais variadas doenças sexualmente transmissíveis. Diariamente a sociedade é levada a querer o prazer passageiro e vazio que vem gerando gritantes aberrações. A Palavra de Deus nos diz:

> Não dormirás com um homem como se dorme com mulher. É uma abominação. Não terás relações carnais com um animal, manchando-te

> com ele. A mulher não se oferecerá a um animal para copular. É uma perversidade. (Lv 18,22-23)

Deus criou o homem e a mulher para formarem uma família.

> Os atos de homossexualismo são contrários à lei natural. (CIC, 2357)

A sociedade se distancia cada vez mais dos verdadeiros valores. Sem percebermos, estamos sendo atingidos pela impureza, que é apresentada como valor pelos meios de comunicação; estamos sendo adestrados, acostumados com a depravação.

> Porventura ignorais que os injustos não terão parte no reino de Deus? Não vos iludais: os libertinos, idólatras, adúlteros, efeminados, sodomitas, ladrões, gananciosos, beberrões, maldizentes, estelionatários, ninguém desses terá parte no reino de Deus. (1Cor 6,9-10)

Assim como o câncer deve ser eliminado do organismo humano, para que não se alastre, o pecado, se não arrancado definitivamente, alastra-se com suas raízes.

Nós nos rendemos ao pecado sem lutar, sendo que com a nossa fé poderíamos vencer a depravação.

> Por tudo isso, Deus os entregou a paixões vergonhosas: tanto as mulheres substituíram a relação natural por uma relação antinatural, como também os homens abandonaram a relação sexual com a mulher e arderam de paixão uns pelos outros, praticando a torpeza homem com homem e recebendo em si mesmos a devida paga de seus desvios. (Rm 1,26-27)

Precisamos fugir das situações de pecado do mesmo jeito que fugiríamos de uma serpente venenosa. Principalmente porque nascemos do Espírito e não podemos deixar envelhecer o que se fez novo em nossa vida. É necessária a decisão de não mais pecar, pois o demônio tira nossa vergonha no momento de pecar e a devolve para nós dentro do confessionário.

Precisamos fugir também das inúmeras oportunidades que temos para pecar: juízos temerários, murmurações, ciúme... Estes fatores cultivam a discórdia num relacionamento e induzem à briga, à desavença, ao desentendimento. Muitos casamentos foram destruídos porque a esposa "paranoica" cismou que o marido a estava traindo e, assim, começaram as crises de ciúme, os julgamentos... e o marido foi buscar fora de casa a paz que não encontrou no próprio lar.

Precisamos banir as impurezas do nosso meio: impurezas no falar, no olhar, no vestir, no pensar.

Em nossa geração há quem faça sexo por computador. O erotismo está cada vez mais difundido, isso é impureza pesada. O remédio para tudo isso é a oração, não existe outro meio para vencer este mal. O Tentador não sossega até que você se renda aos seus encantos.

Você quer ser curado na sua sexualidade? Não vista roupas sensuais, não assista a nada que tenha cenas de sexo, renuncie aos pôsteres e revistas que contêm fotos de pessoas nuas. Selecione a programação da sua TV, procure a Eucaristia, a confissão mensal, o rosário diário e visite o Senhor todos os dias para vencer os vícios pecaminosos.

Somos livres para escolher o caminho que queremos seguir. Eu optei pelo sacrário, outros pela televisão, pela moda, pelas músicas seculares, pelo namoro liberal...

Deus nos convida a retomar nossa amizade por Ele. A confissão (ou sacramento da Reconciliação) nos confere o perdão e a absolvição de Deus por meio do sacerdote. Cabe a nós procurá-la e recomeçar uma vida nova.

*Senhor, concede-nos a graça de vivermos a afetividade e a sexualidade segundo o teu coração.*

*Livra-nos de tudo aquilo que nos afasta de Ti.*

*Eu te apresento os programas de* TV*, rádio, purifica com o Teu sangue tudo aquilo que pode nos contaminar.*

*Abençoa os relacionamentos de casamento e amizade.*

*Purifica a nossa maneira de enxergar o mundo e não permitas que nos conformemos com a forma como ele está.*

*Que as nossas intenções sejam as Tuas.*

*Amém.*

# Caminho rumo à santidade

*Bem-aventurados os puros de coração, porque verão a Deus.*
*(Mt 5,8)*

Seguir esta bem-aventurança é caminhar rumo à santidade. Os puros de coração verão Deus. Se olharmos para a história da Igreja, encontraremos muitos santos que lutaram pela pureza. São Francisco, por exemplo, quando tentado em sua castidade, lançou-se nas roseiras e na neve, não cedendo ao demônio da impureza que queria envolvê-lo.

A concupiscência da carne tem dominado o mundo, destruído os casamentos e os relacionamentos sadios. O inimigo de Deus tem investido contra os casais de namorados, porque sabe que todo namoro santo dará frutos para a sociedade. A consequência é que hoje já há rapazes que presenteiam suas namoradas no dia dos namorados levando-as ao motel.

> A fornicação é a união carnal fora do casamento entre um homem e uma mulher livres. É gravemente contrária à dignidade das pessoas e da sexualidade humana. (CIC, 2353)

Uma menina contou-me que ela e sua amiga, no carnaval, disputaram com quantos rapazes iriam "ficar". Em quatro dias uma delas "ficou" com dez e se frustrou porque a outra havia ficado com quinze – a meta era chegar a cem parceiros. Se as mulheres estão querendo bater o recorde, imagine os homens.

Enquanto Deus clama pela pureza de coração, o demônio grita pela impureza, incutindo nos filhos de Deus que é bom ter dois, três namorados ao mesmo tempo. Todos os aspectos da pessoa humana são afetados por uma sexualidade desregrada. Ela traz sérias consequências para a vida. Além das frustrações, do vazio interior, pode trazer uma gravidez precoce e, por fim, um aborto. Aliás, em alguns países o aborto já foi legalizado, com o intuito de "proteger a saúde e os direitos reprodutivos das mulheres".[2] Mas ele certamente seria evitado se o mandamento de Deus fosse respeitado.

> Bem sabemos o que é que significa o aborto (legal), embora o próprio conceito de (legalidade) esteja radicalmente viciado, porque nunca uma lei que permite a eliminação de uma pessoa inocente pode considerar-se não iníqua! Trata-se de uma (legalidade) que não consegue anestesiar a consciência, e tais decisões pesam sempre sobre a consciência e sobre a responsabilidade dos legisladores.[3]

---

[2] Relatório de iniciativa de Anne Van Lantier, art. 12.

[3] Cardeal Alfonso L. Trujillo. Presidente do Conselho para a Família. *A propósito das "Novas Resoluções" do Parlamento Europeu em favor do aborto.*

Quantos assassinos e assassinas estão camuflados e protegidos por estas leis. Existem os que matam com armas, mas também os que matam com medicamentos. Não somos livres para proceder a "bel-prazer", como se pudéssemos determinar quem tem direito à vida. Deus não nos criou à Sua semelhança para agirmos desta forma.

O casamento pode ser um namoro, mas no namoro não se age como no casamento. Infelizmente, a liberdade no namoro cresceu levando os namorados a dormir juntos, a ter relações sexuais, mesmo em lugares inconcebíveis, quando não em lugares públicos. No livro de Tobias (3,8), lemos que existe um demônio chamado Asmodeu que age na área da afetividade. Ele "festeja" enquanto Jesus Cristo chora pelos filhos que estão sendo mortos pela irresponsabilidade.

A prática sexual sob o pretexto do uso dos métodos contraceptivos também é errada, tanto para o casal quanto para os namorados, por ser um meio não-natural.

> É ainda de recear que o homem, habituando-se ao uso das práticas anticoncepcionais, acabe por perder o respeito pela mulher e, sem se preocupar mais com o equilíbrio físico e psicológico dela, chegue a considerá-la como simples instrumento de prazer egoísta e não mais como a sua companheira, respeitada e amada.[4]

Você, que vive o tempo de namoro, tire a camisinha que está dentro da sua bolsa ou da sua carteira, por amor a Jesus Cristo. O fato de carregar a camisinha significa que, na primeira oportunidade, você vai se preservar.

---

[4] Paulo VI, *Humanae Vitae.*

Coloco abaixo o trecho da letra de uma música que conta o desenvolvimento do feto no ventre de sua mãe. É o próprio feto que narra o que sente:

*Oi, tô feliz! Mãe, você ainda nem deve saber,*
*Sou pequeno, mas estou aqui!*
*É tão seguro, há tanto calor!*
*Ah! Como é bom! Doce lugar de amor!*
*Sim, vou crescer! E um dia, correndo pra ti,*
*Pular em teu colo e sorrir,*

*Te dar um beijo e agradecer*
*Aquele tempo que em ti Deus quis me tecer.*
*Deixe-me nascer! Já tenho um coração!*
*Deixe-me te amar! Dê uma chance!*
*Posso provar: sou de Deus, quero amar!*
*Quero viver!*

CD *Deixe-me nascer* (Celina Borges)

Uma pessoa contou-me que numa universidade o cheiro do banheiro estava insuportável porque os vasos sanitários estavam entupidos. Chamaram o corpo de bombeiros e ali viram um verdadeiro massacre: os vasos sanitários estavam entupidos de fetos.

Os filhos de Deus não foram feitos para ser jogados em latrinas e em lixeiras. Até os animais têm instinto materno, e o ser humano desvaloriza a vida.

> Porque os filhos nascidos de uniões ilícitas serão no dia do juízo testemunhas a deporem contra seus pais. (Sb 4,6)

O filho vem acrescentar o amor mútuo, por isso é linda a responsabilidade do rapaz em assumir diante de Deus e da Igreja a moça com quem se casará. Não é chegar a uma festinha e "dar uma piscadinha" para a moça e começar o jogo de sedução e depois "armar para levá-la para cama ou para o carro". Veja o que nos diz São Paulo:

> Tudo me é permitido, mas nem tudo me convém. Tudo me é permitido, mas eu não me deixarei dominar por coisa alguma. Os alimentos são para o estômago e o estômago para os alimentos: Deus destruirá tanto aqueles como este. O corpo, porém, não é para a impureza, mas para o Senhor e o Senhor para o corpo: Deus, que ressuscitou o Senhor, ressuscitará a nós pelo seu poder. (1Cor 6,12-14)

O sexo está sendo infiltrado em nossos lares de forma errada, principalmente pelos meios de comunicação. Até mesmo novelas infantis possuem forte teor sexual, insinuando o pecado e arrastando multidões de crianças e adolescentes para longe de Deus. Ele não quer Seus filhos na devassidão. Hoje, com empenho, os pais precisam rezar pelos filhos e impedi-los de ter experiências precoces com a sexualidade. Os pais não devem incentivar a criança a ter "namoradinhos", a dançar, cantar e escutar músicas sensuais, maliciosas. A inocência da criança deve ser preservada ao máximo. Cada fase deve ser vivida no tempo correto. Sabemos que as novelas, além de colocar em risco o valor do matrimônio, exercem grande influência na vida dos adultos, quanto mais na vida das crianças e dos adolescentes que estão em processo de formação.

Lamentavelmente, também existem pais que se orgulham de saber que seus filhos são pais solteiros e têm filhos de diferentes moças. Em vez de encaminhá-los para a igreja, incentivam uma vida de promiscuidade. Estes pais deram o salário do pecado a seus filhos. Geralmente, pais que agem assim com os filhos não permitem que outros rapazes aproximem-se de suas filhas, pois temem que eles procedam com elas como ensinaram seus filhos a proceder com as filhas dos outros.

> Não sabeis que vossos corpos são membros de Cristo? Tomarei, então, os membros de Cristo e os farei membros de uma prostituta?! De modo algum! Ou não sabeis que o que se ajunta a uma prostituta torna-se um só corpo com ela? Está escrito: "Os dois serão uma só carne". Pelo contrário, quem se une ao Senhor torna-se com ele um só espírito. Fugi da fornicação. (1Cor 6,15-18)

Quando penso que muitas pessoas perderam a eternidade por não aderir aos Seus mandamentos, a minha alma sacerdotal entristece.

Vejo que o sangue de Jesus não foi em vão. Há muita gente precisando ter um encontro pessoal com Ele para sair da lama e se salvar. Se você conhece alguém nesta condição, exerça o seu compromisso de levar os ensinamentos de Jesus até essa pessoa. Aqui não se trata simplesmente de levar um conhecimento de boas maneiras ou bons hábitos. É preciso levar a salvação. Se eles conhecerem Jesus, se salvarão e deixarão as porcarias deste mundo para ganhar o tesouro da vida eterna que é Jesus.

Vem, Espírito Santo! Com o Teu auxílio compreenderemos o grande valor de viver, intensamente, a santidade no namoro e, futuramente, no casamento.

*Ilumina o coração dos nossos pais e dos jovens que têm sido engolidos pelos falsos prazeres deste mundo. Espírito Santo, concede-nos a graça de discernir o que nos é permitido ou não.*

*Virgem Maria, tu que és o exemplo de santidade, intercede por nós. Amém.*

# Confissão: está na hora!

O EVANGELHO CONTA QUE JESUS aparece para os discípulos justamente no momento em que eles mais precisavam. Eles estavam com medo, desiludidos e, Jesus, para acalmá-los, diz: "A paz esteja convosco". A única forma de saírem daquela situação de angústia era receber a paz que o Senhor queria lhes dar. E foi justamente isso que Jesus fez: deu-lhes a paz.

Os casais estão sem paz, e essa paz só pode ser recuperada por meio de Jesus. Ele é a paz verdadeira, mas você poderia perguntar: "O que é que está tirando a paz da vida dos casais?". Eu lhe respondo: o pecado, a vida pecaminosa é que tem levado os cônjuges ao caminho do inferno.

Uma mulher certa vez veio me dizer que se encontrava muito infeliz no casamento, sem paz. Perguntei a ela qual era o motivo. Então ela me respondeu: "Tenho saído com um namorado que conheci na adolescência; isso tem me feito mal. O meu marido é uma pessoa muito boa, atencioso, cumpre bem os seus deveres, mas, infelizmente, caí nesta situação e ele já está notando algo de diferente em mim".

Disse a ela: "Minha senhora, não destrua o seu casamento por causa de um antigo namorado. Está na hora de romper com este pecado. A única forma de a senhora ser feliz novamente é confessar este pecado e dizer a este rapaz que não quer mais se relacionar com ele".

Muitas situações no casamento poderiam ser resolvidas se os casais permitissem que o sacramento da reconciliação entrasse em suas vidas.

> Na tarde do mesmo dia, que era o primeiro da semana, os discípulos tinham fechado as portas do lugar onde se achavam, por medo dos judeus. Jesus veio e pôs-se no meio deles. Disse-lhes ele: "A paz esteja convosco!". Dito isso, mostrou-lhes as mãos e o lado. Os discípulos alegraram-se ao ver o Senhor. Disse-lhes outra vez: "A paz esteja convosco! Como o Pai me enviou, assim também eu vos envio a vós". Depois dessas palavras, soprou sobre eles dizendo-lhes: "Recebei o Espírito Santo. Àqueles a quem perdoardes os pecados, ser-lhes-ão perdoados; àqueles a quem os retiverdes, ser-lhes-ão retirados". (Jo 20,19-23)

O adultério, a bebida, as brigas, a infidelidade, de modo geral, têm acabado com os casamentos. Enquanto estes pecados não forem reconhecidos e confessados, a paz que o Senhor quer dar não acontecerá nas famílias.

Quanto tempo faz que você não se abre a este sacramento? Será que as suas irritações e brigas são provenientes de pecados acumulados durante muitos anos de vida? Quais os pecados que você carrega? É o adultério, o aborto, a sexualidade depravada, o roubo, a acusação, o julgamento, a desconfiança... Provavelmente você deve saber o que é. Se você não sabe, peça ao Espírito Santo que o esclareça. Depois, procure um sacerdote e ele o ajudará a recuperar a paz que você perdeu.

Talvez até você diga que não irá se confessar por causa do medo. Medo de quê? De receber o perdão que Jesus quer lhe dar? Você está com medo de ganhar o Céu, que será a sua morada futura? Ou o seu medo é do sacerdote brigar com você? Saiba que este medo colocado em seu coração vem do diabo que não quer vê-lo sendo acolhido pelos braços do Pai. A única forma de ganharmos a salvação é por meio da confissão.

Tenho visto casais saírem do confessionário com a alegria estampada no rosto por terem recebido este sacramento. Já vi casamentos serem restaurados depois dos casais terem passado pela confissão com o firme propósito de não voltarem ao pecado.

Não permita que o orgulho tome conta de você. Seja humilde e reconheça o erro que cometeu dentro do seu casamento. Procure um sacerdote o mais rápido possível. Faça como o bom ladrão, que reconheceu o seu erro.

> Um dos malfeitores, ali crucificados, blasfemava contra ele: "Se és o Cristo, salva-te a ti mesmo e salva-nos a nós!" Mas o outro o repreendeu: "Nem sequer temes a Deus, tu que sofres no mesmo suplício? Para nós isto é justo: recebemos o que mereceram os nossos crimes, mas este não fez mal algum". E acrescentou: "Jesus, lembra-te de mim, quando tiveres entrado no teu Reino!" Jesus respondeu-lhe: "Em verdade te digo: hoje estarás comigo no paraíso". (Lc 23,39-43)

O bom ladrão reconheceu os seus pecados e os confessou, mas o outro ladrão apenas cobrou. Estava preso ao seu orgulho e nada recebeu; enquanto o primeiro, reconhecendo o que era, expressou seu pecado, recebeu o perdão e ganhou o paraíso.

O seu casamento precisa ser uma passagem para o paraíso. Você não pode perder o Céu como o segundo malfeitor perdeu. É preciso três atitudes: reconhecer os seus pecados, procurar um sacerdote e ganhar o paraíso. A reestruturação do seu casamento acontecerá por meio do sacramento da confissão.

*Obrigado, Jesus, por teres delegado aos sacerdotes a missão de perdoar os pecados. Eu quero Te entregar os casais que estão passando pela escravidão do pecado. Que o Teu Espírito Santo venha em socorro deles concedendo-lhes a graça do arrependimento.*

*Retira, Senhor, todo medo existente em seus corações. Que eles vejam neste sacramento que a Tua misericórdia é infinita.*

*Santíssima Virgem, mãe dos pecadores, intercede pelos casais para que a restauração dos casamentos venha por meio da confissão.*

*Amém.*

## SER UM EVANGELIZADOR É ACEITAR ESTE DESAFIO.

Cadastre-se para tornar-se um Sócio Evangelizador. Assim você ajuda a Canção Nova a continuar evangelizando e transformando vidas. Preencha esta ficha, assine e entregue em uma das Frentes de Missão, no Atendimento da sede da Canção Nova ou envie pelos correios.
Mais informações, **clube@cancaonova.com** ou ligue **(12) 3186-2600**.

Endereço para envio da ficha: Canção Nova - Clube da Evangelização
Rua João Paulo II, s/n, Alto da Bela Vista - Cachoeira Paulista/SP - CEP 12.630-900

CPF:__________ Sexo: ☐F ☐M

Nome:__________ Nasc.:___/___/___

End.:__________ Nº:_____

Complemento:__________ Bairro:__________

CEP:__________ Cidade:__________ UF:_____

E-mail:__________ Aceita receber informações?: ☐SIM ☐NÃO

Tel.:__________ Celular:__________ Operadora de celular:_____

Profissão:__________ Religião:__________ Est. civil:_____

**Tipo de Contribuição:**

☐ Débito Automático (Valor mínimo sugerido de R$ 15,00)

☐ Boleto Bancário (Valor mínimo sugerido de R$ 10,00)

### PARA CONTRIBUIÇÃO POR DÉBITO AUTOMÁTICO, PREENCHA OS CAMPOS ABAIXO:

TIPO DE CONTA: ☐Corrente ☐Poupança

BANCO: ☐Banco do Brasil ☐Bradesco ☐Caixa Econômica Federal ☐Banco Santander ☐Itaú ☐Sicredi ☐BRB

Agência:__________ Tipo de operação:_____ Conta-Corrente:__________

Dia para débito ocorrer:__________ Valor da doação mensal R$:__________
(Valor da contribuição em moeda por extenso, mínimo 15,00.)

### AUTORIZAÇÃO PARA DÉBITO AUTOMÁTICO

Autorização de: ☐Inclusão ☐Alteração ☐ Cancelamento

### DADOS DO TITULAR DA CONTA

Titular da conta:__________ CPF ou CNPJ:__________

**CONDIÇÕES:**

Através da presente, autorizo o débito automático mensal em minha conta-corrente ou poupança, em favor da Fundação João Paulo II, CNPJ: 50.016.039/0001-75 no valor e na data especificada. A presente autorização vigorará por prazo indeterminado, podendo ser alterada ou cancelada a qualquer momento.
Para qualquer alteração de informações pessoais e/ou bancárias ou cancelamento, preencher o formulário com a opção correspondente, assinar e encaminhar diretamente à Fundação João Paulo II, via fax, e-mail ou Correios. O cancelamento da autorização somente terá efeito a partir do requerimento/pedido pertinente. Comprometo-me, desde já, a manter saldo suficiente para o referido débito, ficando a Fundação João Paulo II isenta de qualquer responsabilidade decorrente da insuficiência de saldo na data do vencimento aprazada.

____________________
Titular da conta